楊照

中國傳統經典選讀 ⑧

老子

亂世裡的南方智慧

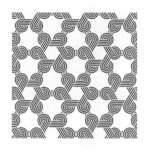

目次

中國傳統經典選讀總序

楊照

一

二〇〇七年到二〇一一年，我在「敏隆講堂」連續開設了五年、十三期、一百三十講的「重新認識中國歷史」課程。那是個通史課程，將中國歷史從新石器時代到辛亥革命做了一次整理，其基本精神主要是介紹過去一百多年來在中國歷史研究上的許多重大、新鮮發現與解釋，讓中國歷史不要一直停留在「新史學革命」之前的傳統說法上，所以叫做「重新認識中國歷史」。

這套「中國傳統經典選讀」的內容，最先是以接續「重新認識中國歷史」的課程形式存在，因而在基本取徑上，仍然是歷史的、史學的，等於是換另一種不同的方式，重講一次中國歷史。

「重新認識中國歷史」由我從上下數千年的浩瀚內容中，依照我的判斷，選出重要的、值得介紹、討論的面向，來呈現中國歷史。「中國傳統經典選讀」則轉而希望降低個人主觀的選擇判斷成分，讓學員能夠從原典來認識、了解中國歷史。

從原典認識、了解中國歷史，牽涉到一項極其難得的幸運條件。兩千多年前的中國文字，兩千多年之後，我們一般人竟然都能不用透過翻譯直接閱讀，光靠直覺就能掌握其訊息大概，再多費點工夫多些解釋，還可以還原大部分的本意。中國古文字和我們今天日常使用的這套文字，有著明顯、強烈的延續性，現代通用的大部分文字，其起源可以直接追溯到《詩經》、《尚書》，少部分甚至還能再上推到甲骨、金文。儘管文法有相當差距，儘管字義不完全相同，但古文字和現代文字在運用上，有著容易對照的規律可循。

這是人類文明的奇特狀態。世界歷史上實在找不到另一個例子，從西元前三千年到現在，同一套文字、同一套符號與意義結合的系統，五千年沒有斷裂消失，因而可以直接挪用今天的文字習慣，來接近幾千年前的文獻。

高度延續性的文字傳統，在相當程度上決定了中國文明的基本面貌，也讓中國社會付出了相對的代價，才造就了現實中我們每個人身上極為難得的能力。我們沒有理由不去認知、善用如此特殊的能力吧！

二

閱讀原典的第一個理由是：中國歷史有其原初的材料，透過這些材料的累積、解釋、選擇，才形成了種種對於歷史的敘述說法。對於中國歷史有興趣的人，聽過了別人給的歷史敘述說法後，應該會想要回到原初材料，一方面看看歷史學者如何利用材料炒出菜餚的過程，一方面也自己去覆按檢驗歷史敘述的對錯好壞吧！

我們讀過課本介紹《詩經》是一本什麼樣的書，也聽過許多從《詩經》中擷取材料來重建西周社會面貌的說法，在這樣的基礎上去讀《詩經》，或許你會發現《詩經》的內容和你原本想像的不太一樣；也可以覆按你原先對西周的認識和《詩經》所顯現的，是不是同一回事。不管是哪種經驗，應該都能帶來很大的閱讀樂趣吧！

閱讀原典的第二個理由是：這些產生於不同時空環境下的文獻，記錄的畢竟都是人的經驗與感受，我們今天也就必然能夠站在人的立場上，與其經驗、感受彼此呼應或對照。也就是，我們能夠從中間讀到相似的經驗、感受，隔著時空會心點頭；也能夠從中間讀到相異的經驗、感受，進而擴張了我們的人生體會。

源於一份史學訓練帶來的習慣與偏見，必須承認，我毋寧比較傾向於從原典中獲取其與今日現實相異的刺激。歷史應該讓我們看到人類經驗的多樣性，看到人類生活的全幅可能性，進而挑戰質疑我們視之為理所當然的種種現實狀況。這是歷史與其他學問最根本的不同作用，也是史學存在、無可取代的核心價值。

三

前面提到，擁有延續數千年的文字，讓中國社會付出了相對的代價，其中一項代價，就是影響了中國傳統看待歷史的態度。沒有斷裂、一脈相承的文字，使得中國人和前人、古人極為親近、關係密切。歷史因而在中國從來都不是一門研究過去發生什麼事的獨立學問，歷史和現實之間沒有明顯的界線，形成無法切割的連續體。

理解歷史是為了要在現實上使用，於是就讓後來的觀念想法，不斷持續滲透進中國人對於歷史的敘述中。說得嚴重一點，中國的傳統態度，是一直以現實考量、針對現實所需來改寫歷史。後世不同的現實考量，一層層疊在歷史上，尤其是疊在傳統經典的解釋上。因而我們不得不做的努力，是想辦法將這些後來疊上去的解釋，倒過來一層一層撥開，看看能不能露出相對比較純粹些的原始訊息。如此我們才有把握說，從《詩經》中，我們了解了兩千年前、兩千五百年前中國的某種社會或心理狀況；或是盡量放在周初的政治結構下來呈現《尚書》所表達的周人封建設計，而不至於錯置了秦漢以下的皇帝制價值，來扭曲《尚書》的原意。

意思是，我不會提供「傳統」的讀法，照搬傳統上對於這些文本的解釋。許多傳統上視之為理所當然的說法，特別需要被仔細檢驗，看看那究竟是源自經典原文的意思，還是後來不同時代，因應其不同現實需求，所給予的「有用」卻失真的解讀。

將經典文本放回其產生的歷史時代背景，而非以一種忽略時代的普遍角度，來讀這些傳統經典，是關鍵的前提。也是「歷史式讀法」的操作型定義。

在「歷史式讀法」的基礎上，接著才會有「文學式讀法」。先確認了這些經典不是為我們而寫的，它們產生於很不一樣的時代，是由跟我們過很不一樣生活的先人們所記錄下來的，於是我們就能排除傲慢、自我中心的態度，培養並動用我們的同理心，想像進入他們那樣異質的生活世界中，去接近他們的心靈遺產。

在過程中我們得以拓展自己的感性與知性能力，不只了解了原本無法了解的異質情境；更重要的，還感受了原本從來不曉得自己身體裡會有、可以有的豐富感受。我們的現實生活不可能提供的經驗，只存在於古遠時空中的經驗，藉文字跨越了時空，對我們說話，給我們新鮮、強烈的刺激。

正因為承認了經典產生於很不一樣的時空環境，當我們對經典內容產生感應、感動時，我們有把握，那不是來自於用現實的考量，斷章取義去appropriate（套用）經典，而是這裡面真的有一份普遍的人間條件貫串著、連結著，帶領我們對於人性與人情有更廣大又更精細的認識。

四

「選讀」的做法，是找出重要的傳統經典，從中間擷取部分段落，進行仔細解讀，同時以這些段落為例，試圖呈現一部經典的基本面貌，並說明文本與其產生時代之間的關係。

傳留下來的中國經典規模龐大，要將每一本全文讀完，幾乎是不可能的。因而我選擇的策略，是一方面從原典中選出一部分現代讀者比較容易有共感的內容，另一方面則選出一部分可以傳遞出高度異質訊息的，讓大家獲得一種跨越時空的新鮮、奇特刺激。前者帶來的效果應該是：「啊，他說得太有道理了！」後者期待在大家心中產生的反應則是：「哇，竟然有人會這樣想！」

解讀的過程中，會設定幾個基本問題。在什麼樣的時代、什麼樣的環境中，產生了這樣的作品？當時的讀者如何閱讀、接受這部作品？為什麼承載如此內容的作品會成為經典，長期傳留下來，沒有被淘汰消失？這樣一部作品，曾經發揮了什麼影響作用，以至於使得後來的其他什麼樣的典籍、或什麼樣的事件、思想成為可能？前面的經典和後面的經典，彼此之間有著怎樣的關係？

這幾個問題，多少也就決定了應該找什麼樣的經典來讀的標準。第一條標準，是盡量選擇具有原創性、開創性的作品。在重視、強調歷史、先例的文化價值下，許多中國著作書籍，是衍生性的。《四庫全書》所收錄的三千五百多種書籍，其中光是解釋《論語》的，就超過一百種。不能說這些書裡沒有重要的、有趣的內容，然而畢竟它們都是依附《論語》這部書而來的衍生產物。因而我們就知道，優先該選、該讀的，不會是這裡面任何一本解釋《論語》的書，而是《論語》。《論語》當然比衍生解釋《論語》的書，具備更高的原創性、開創性。

這條標準下，會有例外。王弼注《老子》，郭象注《莊子》，大量援引了佛教觀念來擴張原典說法，進而改變了魏晉以下中國人對「老莊」的基本認識，所以雖然在形式上是衍生的，實質卻藏著高度開創性影響，因而也就應該被選進來認真閱讀。

第二條標準，選出來的文本，還是應該要讓現代中文讀者讀得下去。有些書在談論中國歷史時不能不提，像是《本草綱目》，那是中國植物學和藥理學的重鎮，但今天的讀者面對《本草綱目》，還真不知怎麼讀下去。

還有，一般中國文學史講到韻文文體演變時，固定的說法是「漢賦、唐詩、宋詞、元曲」，唐詩、宋詞、元曲當然該讀，但漢賦怎麼讀？在中國文字的擴張發展史上，漢賦扮演了重要的角色。漢朝的人開始意識到外在世界與文字之間的不等對應關係，很多事物現象找不到相應的字詞來予以記錄、傳達，於是產生了巨大的衝動，要盡量擴充字詞的範圍，想辦法讓字詞的記錄能力趕上複雜的外界繁亂光景。然而也因為那樣，漢賦帶有強烈的「辭書」性格，盡量用上最多最複雜的字，來炫耀表現寫賦的人如此博學。

漢賦其實是發明新文字的工具，儘管表面上看起來好像是文章，有其要描述、傳達的內容。多用字、多用奇字僻字是漢賦的真實目的，至於字所形容描述的，不管是莊園或都會景觀，反而是其次手段。描述一座園林，不是為了傳遞園林景觀，也不是為了藉園林景觀表現什麼樣的人類情感，而是在過程中，將園林裡的事物一一命名。漢賦中有很多名詞，一一指認眼前的東西，給他一個名字；也有很多形容詞，發明新的詞彙來分辨不同的色彩、形體、光澤、聲響……等等；相對的，動詞就沒那麼多。漢賦很重要，絕對值得介紹、值得認識，卻很難讀，讀了極端無趣。真要讀漢賦，我們就只能一個字一個字認、一個字一個字解釋，很難有閱讀上的收穫，比較像是在準備中小學生的國語文競賽。

還有第三條標準，那是不得已的私人標準。我只能選我自己有把握讀得懂的傳統經典。例如說《易經》，它是一本極其重要的書，卻不在我的選擇範圍內。儘管歷史上古往今來有那麼多關於《易經》的解釋，儘管到現在都還一直有新出的《易經》現代詮釋，然而，我始終進入不了那樣一個思想世界。我無法被那樣的術數模式說服，也無從分判究竟什麼是《易經》原文所規範、承載的意義，什麼是後世附麗增飾的。遵循歷史式的閱讀原則，我沒有能力也沒有資格談《易經》。

五

選讀，不只是選書讀，而且從書中選段落來讀。傳統經典篇幅長短差異甚大，文本的難易差異也甚大，所以必須衡量這兩種性質，來決定選讀的內容。

一般來說，我將書中原有的篇章順序，當作內容的一部分；也將書中篇章完整性，當作內容的一部分。這意味著，除非有理由相信書中順序並無意義，或為了凸顯某種特別的對照意義，我盡量不打破原書的先後順序，並且盡量選擇完整的篇章來閱讀，不加以裁剪。

從課堂到成書，受限於時間與篇幅，選出來詳細解讀的，可能只占原書的一小部分，不過我希望能夠在閱讀中摸索整理出一些趨近這本原典的路徑，讓讀者在閱讀中逐漸進入、熟悉，培養出一種與原典親近的感受，做為將來進一步自行閱讀其他部分的根柢。打好這樣的根柢，排除掉原先對經典抱持的距離感，是閱讀、領略全書最重要的開端。

第一章　老子莊子不一樣

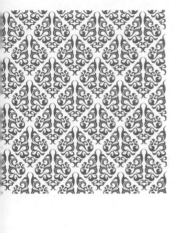

遊於道／善用道

《莊子．秋水篇》中有一段故事，說惠子（惠施）在梁為相，莊子到梁要去見惠子。有人跟惠子說：「莊子來，是要取代你為相。」惠子擔心了，就派人在梁國境內三天三夜大搜莊子的行蹤。他們沒有找到莊子，莊子自己按照計畫來見惠子。見了面後，對惠子說：

南方有一種叫鵷雛的鳥，你知道嗎？這種鳥，從南海起飛，一路飛向北海，沿路只停棲在梧桐木上，只吃竹子的果實，只喝甘美的泉水。在鵷雛飛行的路上，有一隻貓頭鷹撿到了腐爛

的老鼠屍體，發現鵷雛從牠頭上飛過，就抬起頭來看著鵷雛，威脅地發出：「嚇！」的聲音。唉，現在你就是為了護住你在梁國的地位，而要「嚇！」我嗎？

《莊子．秋水篇》的另一段故事則說，莊子在濮水邊釣魚，楚王要來拜訪他，先派兩位大夫前行轉達：「希望將楚國的國政託付給您。」莊子手裡拿著釣竿，頭都沒有轉過來，就說：「我聽說你們楚國有一隻神龜，已經死了三千年，楚王特別把牠小心翼翼地包好藏在小竹箱裡，供奉在廟堂上。你們覺得這隻龜比較喜歡死了留下骨頭得到尊貴待遇，還是寧可活著在泥裡搖尾巴呢？」兩位大夫回答：「應該是活著在泥裡搖尾巴吧！」莊子就說：「那就去吧，別煩我，我還要在泥裡搖尾巴呢！」

這是莊子對待政治權力的基本態度。別人努力想要爭取，隨時擔心失去的，看在他眼中，那是「腐鼠」，根本不值一顧，遑論要搶奪或保護。權力和權力帶來的地位，在他看來只是窒息一個人的自然活潑生命，把他桎梏關在一個不是由他自己決定，也必然違背他本性的牢籠裡。

老子就不是這樣看權力的。老子和莊子都以「道」為本，都相信在所有現象變化之後有一套自然的規律，為其真宰；也都相信最重要的是明瞭「道」的存在、追索「道」的規律。但兩人的相同之處，也就到此為止。

在莊子，明瞭了「道」，於是能洞視我們執守的許多價值，其實源自於狹窄的自我中心眼光，那麼我們就能看清楚不是所有人、所有動物都想要「腐鼠」，就不必陷入那些外在的標準下，可以自在地活著。

在老子，了解了「道」，是為了將「道」拿來運用在處世與安排權力上。了解「道」的人，比不了解「道」的人，可以更有效地取得權力、運用權力、保有權力。

莊子了解了「道」，就必然有避世的態度。世俗的權力、享受、安逸，一般人汲汲營營計較的，其實不過就是貓頭鷹嘴裡咬的一隻臭掉的老鼠，我們幹嘛跟著人家去計較去爭奪呢？老子了解了「道」，則採取了一種弔詭的態度——取得權力、保有權力最好的方法，就是好像沒有權力，好像不在乎權力一樣。

萬物混同／以虛爲本

《莊子．天下篇》論列戰國諸子，是將莊子和老子分別處理的。

芴漠無形，變化無常，死與生與？天地並與？神明往與？芒乎何之？忽乎何適？萬物畢羅，莫足以歸。古之道術有在於是者，莊周聞其風而悅之。

恍惚曖昧沒有固定的形狀，沒有規律地不斷變化，這是生呢？還是死呢？是和天地並存的嗎？還是隨著神明而來去的？茫然看不出要去哪裡？

倏忽匆忙看不出又去到了哪裡？所有的事物通通各自羅列，沒有辦法歸類整理。

這是莊周學問、思想的來歷。看《莊子．天下篇》的寫法，讓人想起《楚辭．天問》，一連串的問題，而不是任何具體、堅實的主張。應該說，和〈天問〉一樣，莊子的學說，問比答更重要，有些根本的問題，是不能回答的。一旦回答了，那答案就必然將原本「無形」的，強解為「有形」；也就將原本「無常」的，改寫成「有常」。所以莊子表達其意見：「**以謬悠之說，荒唐之言，無端崖之辭，時恣縱而不儻，不以觭見之。**」間接迂迴、無稽悠遠、大而無當、四處晃遊，不偏在任何一邊，才不會逆反了自己的本心本意，把「無形」講成「有形」，把「無常」固定為「有常」。

以天下為沉濁，不可與莊語；以卮言為曼衍，以重言為真，以寓言為廣。獨與天地精神往來，而不敖倪於萬物。不譴是非，以與世俗處。

莊子沒有真的要和同時代的人對話，沒有要教他們甚麼。他不說正經的話，隨機發揮漫漶展開，有時重複別人說的話來證明道理，有時用寓言來開拓道理的範圍。他真正的思考友伴是開闊無涯的天地精神，但也不輕視萬物，不否定世俗的是非，混居其間。

老子則不然。《莊子．天下篇》這麼說：

以本為精，以物為粗，以有積為不足，澹然獨與神明居。古之道術有在於是者，關尹、老聃聞其風而說之。建之以常無有，主之以太一，以濡弱謙下為表，以空虛不毀萬物為實。

認為本源道理是精微的，萬物實體不過是這種本源道理的粗糙顯現（所以不能執著於物體本身，要依照本源道理行事），認為有所積存反而是不足的，最好的方式是棄絕一切，獨自與不受物體拘限的神明共處。古代有強調這方面的思想，吸引了關尹、老子，以「無」、「常」、「有」三個觀念為基礎，以「太一」為其主導原則，主張表面上應該濡弱謙下（效法水），實質上則保持空虛狀態，不破壞既有的萬物。

老子這一派主張存在之物不值得我們耗費心神去追求，在物的背後有「本」，那才是真正重要的。「本」的規律，是弔詭的辯證。表面上愈富有的，實質上愈窮。所以最堅強、最能成功的，反而是最軟最弱最謙下，看起來沒有權力也不堅持的那種人。整個世界最寶貴的，不是任何一項具體的東西，而是甚麼都沒有的「空虛」，因為「空虛」才可以包納萬物。

治世黃老／亂世老莊

從戰國末年莊周弟子的眼中看去，莊子和老子不是同一派。往下到了漢代，「漢承秦弊」，劉家天下是建立在秦始皇的錯誤上的，所以他們早早選擇了一套相反的統治邏輯，尊崇「黃老」。那時候的「道家」，重點在於政治與統治上的「無為」，與民休息，「道家」的代表人物是黃帝、老子，沒有莊子。

「黃老」是政治權力上的原則，與一般個人沒有太大關係。講的是握有權力的人如何「無為而無不為」，謙沖下人反而能運用更大的權力，更緊密地掌握權力，反而能做出更有利的事來。貫串整個漢代，流行的都是這樣的「黃老道家」，一直到漢末，才由「黃老道家」轉成「老莊道家」，幾百年未受重視的莊子鹹魚翻身，被拉上來和老子並列，相應地將黃帝拋棄了。

為什麼會發生這樣的變化？一個主要的因素是：思想的對象改變了。漢末大亂，劉家政權瓦解，從皇帝到官僚體系最下層都無法維繫原本的運作，政治的主體都不在了，還需要甚麼政治原理呢？

相反地，動亂中，一切變得不可依恃，人們需要可以用來整理痛苦、惶惑、不安經驗的新態度與新智慧。

莊子的豁達、開闊，可以對活在動亂中追求新態度、新智慧的士人說話，而老子則提供了莊子沒有的一份知識權威。於是「黃老」退位，「老莊」升起，「道家」也就從一套政治哲學、一套統治原理，轉型為一套人生哲學、一套亂局中的世界觀。

那個時候又有從印度傳來的佛教。佛教教理的核心是「空」，關注的是如何應對人生的「苦」。在社會秩序大毀壞的時代，人們切身真實感受活著的「苦」，很容易、很願意接受佛教的前提，而「空」的觀念又和「道家」的「無」有相似相通之處，於是在這個時代，「佛」和「道」又緊密地聯繫起來。

王弼注《老子》，向秀、郭象注《莊子》，都在他們的注釋中引用了當時新鮮的佛教觀念，又將《老子》與《莊子》的文句用來彼此互證，如此一來，不只是成功地讓外來的佛教「中國化」，而且把「老」和「莊」拉在一起，從此建立起老莊同家、老莊不分的印象。

第二章　南方的隱者文化

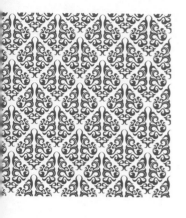

一筆糊塗帳

《史記》是部偉大的著作，值得我們認真研讀、理解，但這並不等同於我們可以相信《史記》中的每一句話，將太史公寫進書中的都奉為史實。

很不幸的，《史記·老子韓非列傳》中寫老子的部分，就是一筆糟糕的糊塗帳。

司馬遷的史官職務是從父親司馬談那裡繼承來的。司馬談的著作今天只剩下一篇〈論六家要旨〉留在《史記·太史公自序》裡。〈論六家要旨〉中司馬談如此說「道家」：

道家使人精神專一，動合無形，贍足萬物。其為術也，因陰陽之大順，采儒墨之善，撮名法之要，與時遷移，應物變化。

「道家」集合了陰陽家、儒家、墨家、名家、法家等其他五家的精華優點，光這句話，司馬談就已經表明了他自己的思想立場，他是個道家，而且是從道家的立場出發來整理、評斷「六家要旨」的。

更進一步，在司馬談的六家源流分析上，明顯斷定這種「使人精神專一，動合無形，贍足萬物」的道家思想是相對後起的，所以能集合前面其他各家的優點。然而司馬遷沒有採納父親的這項主張，在《史記．老子韓非列傳》中，將老子的思想寫成了六家之中最先、最早的。

《史記》中寫老子，一開始說老子姓李名耳，字聃，是「周守藏室之史」，然後就講了孔子「問禮於老子」的故事。這件事在戰國的文獻上出現過好幾次，《禮記》、《莊子》中都記錄過。依照這些記載，老子年長於孔子，是當時有名的智者。

但是講完孔子問禮於老子後，司馬遷突然筆鋒一轉，說：「**或曰：老萊子亦楚人也，著書十五篇，言道家之用，與孔子同時云。**」意思是：也有人說（有資料記錄）老子是老萊子，也是楚人，寫的書不是上下篇的《道德經》，而是另外的十五篇著作；也沒有比孔子年長，而是和孔子約莫同時、同代。

如此附筆表現了司馬遷的誠實態度，他看到過另外有老子是「老萊子」說法的史料，更重要的，他對於老子早於孔子，孔子曾經問禮於老子這件事，沒有充分的把握。司馬遷的存疑態度，一部分應該來自於他對

《論語》、對孔子的了解。

關於孔子的事蹟，最可信的材料是由他弟子編撰的《論語》，但《論語》中完全沒有提到孔子到周去向老子問禮的事。還有，依照戰國文獻，孔子見老子這件事，發生在孔子五十歲時，但《論語．為政》中記錄了孔子的自述：「**吾十又五而志於學，三十而立，四十而不惑，五十而知天命，六十而耳順，七十而從心所欲不踰矩。**」五十歲都到「知天命」了，怎麼會因對「道之要」感到困惑而去求教於老子？

《論語》上有的，是〈微子篇〉裡的一段故事：

> **子路從而後，遇丈人，以杖荷蓧。子路問曰：「子見夫子乎？」丈人曰：「四體不勤，五穀不分。孰為夫子？」植其杖**

而芸。子路拱而立。止子路宿，殺雞為黍而食之，見其二子焉。明日，子路行以告。子曰：「隱者也。」使子路反見之。至則行矣。子路曰：「不仕無義。長幼之節，不可廢也；君臣之義，如之何其廢之？欲潔其身，而亂大倫。君子之仕也，行其義也。道之不行，已知之矣。」

子路和孔子出行，落後了找不到孔子，遇到了一位老翁，用拐杖挑著鋤草的工具。子路就問：「你有看到我的老師走過去嗎？」老翁回應：「你這個人看起來很少勞動，四肢不發達，八成也不認得五穀長甚麼樣子，冒冒失失地問，誰知道你老師是誰？」接著就拄著拐杖去鋤草了。

子路被罵了，自知理虧，恭恭敬敬拱手為禮在旁邊站著。老翁就讓看來和老師走散了的子路留在他家住一晚，還殺雞做飯給子路吃，也讓他的兩個兒子和子路相見。第二天，子路趕上了老師，將這段經歷告訴孔子，孔子就說：「這不是普通農人啊，是個隱士。」要子路回頭去找老翁。

子路回去，老翁已經出門離開了。子路就說（可能是告訴老翁的兒子）：「不貢獻自己的能力做官是不對的。長幼父子的關係不能廢，那麼難道君臣上下的關係就可以廢嗎？潔身自好，卻違背了君臣上下的重要關係。君子為國君所用，不過是為了盡到該有的臣子義務，早就知道不可能實現正確的主張了！」

這段故事的關鍵在於老翁「以杖荷蓧」，而「老萊子」這個名字中間這個「萊」字，也就是「鋤草」的意思。顯然，司馬遷認為很有可能這位挑著除草工具的老翁就是「老萊子」，後世於是將孔子和這位隱士的相遇對話敷衍為「孔子向老子問禮」的故事。換句話說，司馬遷明白《論語》裡記錄了許多孔子在周遊列國旅途中遭遇隱士而被質疑、被嘲諷的事蹟，認為「孔子問禮於老子」的說法，可能是從這些事蹟中托化出來，不見得真有孔子刻意跑到周去找這位「守藏室之史」挨訓的事。

是誰出了函谷關

說完了老子也可能是「老萊子」之後，司馬遷又記錄：秦獻公時，有一位周的太史叫作「儋」，他到了秦國，預言秦國在依附於周之下五百年後，會脫離周而獨立，再過七十年，秦會出現統治天下的霸主。「儋」的發音和「聃」一樣，又都是周太史，所以史料上就將這兩個名字視為同一個人。

司馬遷拿不定主意該不該接受這個說法。他的猶豫很容易理解。秦獻公時周太史到秦，這是孔子死後一百二十九年的事，比孔子年長或和孔子約莫同時代的老子，會在孔子死後一百二十九年去見秦獻公？不得已，司馬遷用補注的口氣加了一段話，說：老子大約活了一百六十多歲，也有人說他活了兩百多歲，因為他修道所以特別長壽。沒辦法，老子就算活了一百六十多歲，都不夠既當孔子的老師，又能去見秦獻公。要那樣，非得兩百多歲才行！

老子會去到秦，依照《史記・老子韓非列傳》上下文看，那是因為他

「**居周久之，見周之衰，乃遂去**」。的確，他當周太史當了一百多年，是真久了，終於不想再幹了。要出中原入秦時，過關，在關上遇到了一位守關的人，那人看他打算出關一去不回，又知道他是個有大智慧的人，於是勉強他將寶貴的想法寫下來，如此才有了我們後來看到的《道德經》五千言。

這段故事也還是一筆糊塗帳。後來注《史記》的人，以訛傳訛，說老子過的關，是「函谷關」，但秦獻公時，函谷關根本還不存在。還有，「關尹」在許多戰國文獻上出現過，包括前面引用的《莊子》，但都是將「關尹」當作一個人，一位思想人物，沒有像《史記》這樣將「關尹」照字面解為「守關的人」的。依照出現較早的戰國史料看，「關尹」活躍於戰國時期，和老子大約同時發展「道」的概念。

《史記》中講老子的部分，最後是一段老子（李耳）後人的世系流傳。李耳的兒子李宗是魏國的將軍，孫子李注、曾孫李宮、李宮的玄孫李假，都曾經在漢文帝時當官。李假的兒子李解則當了膠西王劉卬的太傅，所以住在齊。李假、李解的時代，就和司馬遷很接近了。

這個世系記錄，也不太對勁。首先，魏獨立成為封國，發生於「三家分晉」，那是西元前四〇三年，離孔子去世已經超過七十年。老子的兒子要在魏為將，要嘛他得是老子一百多歲之後才生的，要不這個李宗也得跟他爸爸一樣長壽活過百歲。還有，就算老子和孔子同年吧，那麼從老子出生到漢文帝的時代，大約有六百年的時間，但依照世系表，這六百年間，老子他們家總共只傳了八代。一般正常三十年傳一代，他們家平均起來，卻是七十多年才傳一代，很怪吧？

王官學以外的智慧

這筆糊塗帳，怎麼算？

一種態度，傳統的態度——就不去算。反正抓住了老子和孔子大約同時期，理所當然將《老子》的內容，看作出於春秋時代，是和《論語》同樣悠遠的古文獻。

另外一種態度，歷史研究實事求是的態度，則是從司馬遷的記錄中，先判別其不同的可信程度。最可信的，顯然是最接近司馬遷時代，擔任過膠西王太傅的李解。李解是李耳的八世孫，倒推回去，那麼李耳的年代應該是西元前第三世紀左右，也就是戰國中期到後期，這個時間的推算，又剛好可以配合上從《老子》書中文本得到的證據。

錢穆先生在他寫的四篇關於老子年代考據文章中，清楚列舉了《老子》行文出現的戰國名物與詞語，具體否定了《老子》成書於春秋時代的可能。而且《老子》直白陳述道理的風格，不只和《論語》有太大的差距，甚至也不像《孟子》、《莊子》那樣帶有雄辯意味，卻更接近《荀子》或《韓非子》。

外部證據與內部證據配合來看，第一、《老子》的作者應是戰國時期的人；第二、《老子》成書很可能晚於《莊子‧內篇》，到了戰國後期了。這位「李耳」至遲到漢初司馬遷時，其生平年籍已經和另外一位歷史人物「老聃」混雜在一起了。

擔任周太史，時代和孔子接近的「老聃」，比寫《老子》的「李耳」，早了將近三百年。但不知有了怎樣的過程，或許就是源自《老子》這個書名吧，「李耳」就被當成是「老聃」了。《老子》這本書的年代，相應就被往前錯置了三百年。

「老聃」和「李耳」，一前一後，真正的連結，是古代南方的「隱者文化」。早在孔子的時代，南方就有了強烈不認同周主流價值的這項傳統。孔子是徹徹底底封建宗法文化的產物，出生、成長於封建宗法的核心區域，因而面對封建秩序敗壞、瓦解時，他的態度是「知其不可而為之」，一定要盡力回復、維持舊有的封建禮法。

《史記．老子韓非列傳》中說，李耳是「楚苦縣厲鄉曲里人也。」春秋時代沒有「楚苦縣」，戰國才有。西元前四七九年，陳國被楚國所併，後來稱之為「苦縣」的這個地方，原本屬陳國，這時才為楚所有。這又是

《老子》作者不可能和孔子同時的另一條旁證。

無論陳國或楚國，相對於黃河流域的中原各國，都是「南方」。南方，尤其是楚，地理上位於邊陲，沒有那麼深遠的封建根基。更重要的，早在西周建立之前，就有了自身很不一樣的文化傳統，當然不會有像魯人孔子那種對於封建宗法的情感，更不會有一定要衛護封建宗法的熱情。

對孔子而言，他不忍心看到自己信奉的宗廟傾頹，寧可以肉身去扮演最後一根支柱。但對許多封建宗法邊緣地帶的人來說，他們關心的，往往只是這樣一座大廟倒下來時，會如何壓到我、傷害到我而已。

《論語》中記錄了孔子在南方遇到了長沮、桀溺、楚狂接輿，受到了反覆地嘲弄。這些人都是「隱者」，會嘲弄孔子，一點都不意外。他們的生命情調、他們的價值選擇，和孔子大異其趣。

「隱者」之所以成為「隱者」，在於他們採取了一種和封建宗法傾頹帶來的亂世保持距離的態度。他們早早看穿了這套封建宗法已經是夕陽落日，不可能挽回了，他們將智慧運用在如何於亂世中自保，不只不受傷害，最好還能保持平靜自在。

這些南方「隱者」或「智者」，他們也不是舊有「王官學」的追隨者，不像孔子將詩、書、易、禮、樂、春秋視為不可移易、不可拋棄的真理基礎。他們不依賴在西周「王官學」經典上說話，所以也就沒有留下甚麼著作，只留下了一些片段的記錄，凸顯他們和主流價值間的衝突。

這些人，他們背後的「隱者文化」，應該就是「道家」的遠源。他們沒有參與東周中心地區正在發展的，從「王官學」蛻化為「諸子學」的過程。這個過程的主角，是「儒」，從孔子開始，他的門人如何分派流衍，留下了相對詳細、明確的記錄。從邊陲發跡、從「隱者文化」蛻變出來的道家，相形之下，就找不到清楚的歷史背景與變化脈絡了。

第三章　知道與行道

老子只談三件事

在所有的先秦著作中，《老子》書裡採用的是最為權威的口氣。其表達方式直接、明確，不留商量餘地。和《論語》相比，《老子》沒有問答對話，只有答案；而且《老子》沒有說話的情境，意味著他彰示的是普遍的準繩，不受情境變化影響。和《孟子》、《莊子》相比，《老子》也沒有「辯」，不曾假設有別的立場、別種態度的人，可能從甚麼方向提出質疑，因而必須有攻守來往。

《老子》不辯論，只宣說。其風格背後的姿態是 take it or leave it。我告訴你道理就是如此，愛信不信。這種風格在先秦其實極為少見，同樣採取宣說體的《荀子》、《韓非子》都還習慣性的放入些假想的反對意見，再進行批駁，都沒有《老子》來得自信且霸道。

《老子》另外一項特色是，這本書極其簡短。後世常用的說法是「《老子》五千言」或「《道德經》五千言」，是的，這本書從頭到尾總共就只有五千字左右，總字數只等於《莊子》書中比較長的單章。字數上那麼少，給人的印象很自然就是《老子》的行文簡約，文中承載的訊息很濃密。因而過去傳統解釋《老子》的方式，都想盡辦法延展《老子》的文意，覺得要用一百句話來說明《老子》的一句話，才是正確的作法。

也就是將《老子》的文本看成某種「摘要」，先入為主認定本來應該要有十萬字、二十萬字的複雜內容，但《老子》卻只從這十幾二十萬字裡深藏不露地濃縮了五千字給我們。因而我們的任務，自然就是透過這五千字試圖還原那十幾二十萬字的原始內容。

我必須說，這種視《老子》為言簡意賅「摘要」的態度，應該被認真檢驗，不該接受為簡單事實。而且，若是認真檢驗的話，《老子》的文本不見得能夠支持這種主張。

《老子》真的說了那麼多複雜、豐富的道理嗎？還是後人因為抱持著《老子》必然說了很多，所以才衍生出遠遠超過《老子》書中意思的旁枝呢？會不會《老子》根本就只是一根瘦藤，而不是一棵繁茂大樹的縮影呢？

擺開了後世愈加愈多的玄妙內容，真正透過《老子》本文傳遞出來的訊息本身究竟是甚麼？到底有多少？其中又有多少其實是簡潔明瞭、一通到底的，有多少隱藏了迂曲立論需要多費唇舌擴充解釋的？

會這樣問、會主張這樣檢驗《老子》，就已經顯現了我的一偏之見。《老子》並不玄妙、幽深，至少沒有《莊子》那麼玄妙、幽深；《老子》書中呈現的道理也沒有那麼多轉折變化，甚至沒有《孟子》那麼多轉折變化。

本質上，《老子》書中要說的核心道理很直接、很簡單也很少，八十一章五千言就繞著這一點直接簡單的核心概念反覆申說。若以字數和所承載的道理相比，《老子》不見得真的言簡意賅，五千言中有很多重複囉嗦之處。

《老子》要宣說的第一件事是：有一個先於一切的「道」，管轄統領所有的事物，而「道」之所以能如此管轄統領，因為它本身無法被歸納、被掌握。「道」如果能被歸納、被掌握，那就表示它被另一個更高的原則管轄統領，它也就不會是管轄統領一切的「道」了。

第二件事：要理解「道」，必須用後退的方式，尤其是去除分別的後退。分別都是相對的：長，是因為有短；高，是因為有下；善，是因為有惡。看到分別，我們就該往後退，看到分別之前，相對出現之前的「混同」，「道」，就是一切分別升起之前的「大混同」。

去除分別，肯定「混同」，這點上，《老子》和《莊子》很接近。然而，《莊子》從「內篇」、「外篇」到「雜篇」，從頭到尾展現的，是一個抱持「混同」眼光的人所看到的世界，和一般人從「分別」出發看到的大異其趣。《莊子》僅止於描述展示那個混同的世界景象，試圖說服讀者拋棄世俗的眼光，進入「混同」的經驗，而《老子》卻進一步教導，有了「混同」的眼光後，可以如何運用來應付俗世。

所以《老子》全書說的第三件事，就是如何依照「道」正確地、更有效地處世。這部分《老子》的說理對象，是「主」、君王、是領導者，教已經擁有權力的人如何運用權力，延伸出去連帶解釋如何取得更多、更高的權力，並讓權力不至於喪失。

五千言，基本上就繞著這三件事反反覆覆地說著。

無法言說的終極事物

《老子》第一章開頭：「**道可道，非常道；名可名，非常名……**」

十二個字，立即充分顯現了《老子》的基本行文論說形式，那就是「似非而是」的弔詭悖論。乍看之下違背一般常識文理（「似非」），細究之下卻對我們展示了比常識文理來得更深刻、更高層次的道理（「而是」）。

建構這樣的弔詭悖論，首先依賴中文特殊的詞性，同樣一個字在不同脈絡下，具備有不同的詞性作用。這樣的弔詭悖論，另外建立在從春秋時期開始，從墨家到名家，對於語言、文字、論辯程序與作用的長期討論發展。我們很難想像在沒有墨辯，沒有惠施、公孫龍子這些名家之前，早早就出現《老子》這樣的行文方式。

「道可道」，前面一個「道」是名詞，指那最根源的道理；後面一個「道」則是動詞，把它說出來的意思。那最根源的道理如果可以被明白說出來，就不是「常道」了，就不是恆常不變的道理了。

「道」的特性，是恆常不變的，或說我們之所以看重「道」、尋思「道」，就是要在紛紜變化的現象中，分辨出一個管轄所有現象，解釋這些變化的根本道理，所以這個道理自身必然不會隨著現象移異、改變。具有如此「常」的特質的「道」，基本上就無法被描述。所有描述「道」的語言，本身也都是現象，都會移異改變，不可能固定不動，也就不會是「常道」。

相應地，我們對於世事萬物的命名，都無法真正代表這樣東西。把眼前的一樣東西稱之為「杯子」，將這件東西視為「杯子」的同時，我們也就掩藏、消去了這樣東西許多不同的、複雜的性質。它的材質、顏色、大小，它和其他「杯子」不同的獨特之處。當然，我們可以改用其他名字，例如「紅色大杯」、「有白底紅色花樣的馬克杯」來稱呼這樣東西，但是不管怎麼改、怎麼命名，那個名字都不可能完全涵蓋、代表這樣東西。我們找不到一個徹底對應東西的「名」，無法給它一個絕對的、不會改變、不需改變的「名」，一個「常名」。任何用來描述事物的「名」，都不會是「常名」。

這是大關大節。「道」在哪裡？在不斷後退追索，反覆否定用來描述「道」的語言之後，無法用語言描述之處。我們絕對不能拘泥在事物暫時的名字上，誤以為名字就是事物自體，我們才不會被困在名字名詞上，看不到事物自體的道理。

這樣提示完了之後，老子說：「**無，名天地之始；有，名萬物之母……**」對於天地的開端，我們勉強將之命名為「無」。對於萬物的源頭，我們勉強將之命名為「有」。「無」與「有」，不是真正的「常名」，只是借用來讓我們討論、理解那很難討論、很難理解的時間與事物根源，描述「道」的開展，千萬不能將「有」和「無」執著為真實具體的。

天地開始的狀態，是「無」；生發出了東西，就成為「有」。「**故常無，欲以觀其妙；常有，欲以觀其徼……**」因而我們進入、思考「無」的狀態，來理解其中潛藏的幽微奧妙；另外我們也進入、思考「有」，來察知事物表現在外的原則。

「妙」與「徼」，一暗一亮，一隱一顯。一個是本體，一個是本體外露的現象。觀察現象，才能推探本體；探觸本體，才能釐清現象的秩序。真正的「道」，就在「無」、「有」之中，或說就在「無」、「有」之間，或說就在從「無」到「有」的變化裡。

「無」和「有」，是我們為了理解探索，勉強分別開的兩種狀態，實質上它們之間並沒有確切的界線，所以說：「**此兩者，同出而異名，同謂之玄，玄之又玄，眾妙之門。**」本體與現象，其實是分不開的，我們因應思考、理解的需要，才從不同角度給了不同的名字。兩者混同在一起的狀態，我們稱其為「玄」，一種抗拒語言、觀念掌握的狀態，從這裡生發出了所有的神妙原理與作用。

以悖論強化印象

《老子》行文的習慣，每一章開頭的第一句話，往往是最難理解的。

他會用一個弔詭悖論開頭，刺激讀者覺得不知所以然，然後才在後面的句子中說明悖論成立的理由。第二章的開頭也是這樣的悖論：「**天下皆知美之為美，斯惡已；皆知善之為善，斯不善已……**」這在說甚麼？

讓我們先往下看。「**故有無相生，難易相成，長短相形，高下相傾，音聲相和，前後相隨……**」這個概念很容易明瞭。有和無是相對的，難和易是相對的，高和下、前和後是相對的。沒有「難」，就不會在比較中生出「易」來。沒有「高」就沒有比較中的「低」；沒有「前」就沒有比較中的「後」。這些性質都是比較的，因而都是倆倆配套存在的。

「聲」是自然的、無序的聲響，「音」則是有調有秩序的聲音，這兩者也是彼此對應而成的。沒有音樂，我們就不會將無序的聲音視為「噪音」，所以聽音樂，第一件事就是要將有調有秩序的聲音，和「噪音」區別開來。

回頭來看，那麼第一章中所說的「有」、「無」，也是相對概念。相對於「無」而有「有」，相對於「有」而有「無」，我們不能單獨、區別地談「有」或「無」。

如此，第一句話的意思就清楚了。我們到美術館去，整間屋子裡，從建築到牆面到展示的作品都是「美」。但我們之所以能辨識這「美」，知道這是「美」，背後必然藏著相對「惡」或「醜」的評斷。「美」、「善」不可能單獨存在，說這個人很漂亮，說優勝美地的風景很美，說這個社會風俗良善，如此正面的描述也就必然意味著我們知道怎樣的人不漂亮，怎樣的風景會讓人不舒服，怎樣的社會不善良不平靜。

接下來：「**是以聖人處無為之事，行不言之教。萬物作焉而不**

辭，生而不有，為而不恃。功成而弗居。夫惟弗居，是以不去……」《老子》這裡所說的「聖人」，接近《莊子》說的「至人」或「神人」，是最高的存在典範。面對如此相對相成的世界，「聖人」的選擇是不落入相對裡，盡量不做相對的判斷，而是保持相對產生之前的狀態，如實接受、承認每一個現象、每一件事物，不拿這個比那個，也不試圖將這個改變為那個，讓萬物自然發生。

「聖人」不分別，尊重自然，不作為不教導，不選擇排斥任何現象與事物。做任何「好事」，就產生了和「好事」相反的「壞」的標準；說任何正面的道理，就必然產生了相對的負面標準，「聖人」不落入這種區別裡。如此包容讓萬物長養，完成了也不停留（「弗居」），仍然隨順自然變化，因為不停留，一直在變化中，不擁有、不拘執，也就沒有甚麼好失去的（「是以不去」）。

另一種比較通俗的解法是：「聖人」自然無為包容完成了，卻不會有功勞，不占功勞高位，正因為不占功勞高位，所以「聖人」的地位也就不會受到挑戰，不會失去。

讓百姓的心平靜

說完了「聖人」對待萬物的高妙道理，第三章立刻降到世俗層次，談這種道理在人事統治上的具體運用。「**不尚賢，使民不爭；不貴難得**

之貨，使民不為盜；不見可欲，使民心不亂……」如何治國？第一，不要強調才能的標準，不重用有德行有才能的人，那樣人民就不會爭著要當「賢人」，冀望受到重用。第二，不要強調特殊、寶貴的東西，那樣人民就不會為了擁有貴重財物而去偷、去搶。第三，不要刺激人心中的慾望，人民就不會不滿現狀，老想要得到更多。

「尚賢」是墨子、墨家特別凸顯的價值，主張應該排除過去的封建貴賤分別，只看人的能力與德行，能力好、德行高的，就重用他，給他高位大權。老子卻認為「尚賢」只會讓人為了高位大權而惹起紛爭。

同樣的，也不要分別物品的好壞高下。當我們將新出的手機稱為「smart phone」時，無可避免原本用得好好的那種手機，相較之下就變成了「dumb phone」，這樣誰能抵擋得住誘惑，不會趕快想盡一切方法把

「笨機」換成「智慧機」呢？「貴難得之貨」等同於刺激大家去擁有「難得之貨」，而要防阻偷、盜最根本的辦法，是讓人失去偷、盜的目的，也是是讓這世界沒有值得、需要去偷、去搶的「難得之貨」。

「不見可欲」，「不見」應該是「不現」的意思，從統治術上看，不要讓人民看到會挑起他們慾望的東西，他們就能保持平靜，維繫既有的秩序。不能讓精緻的法國料理出現在他們眼前，他們才會對自己每天吃的大米飯覺得滿足。

是以聖人之治，虛其心，實其腹，弱其志，強其骨，常使民無知無欲，使夫知者不敢為也，為無為，則無不治。

這裡我們就明白，原來老子的「聖人」有雙重意義，不等於莊子的「神人」、「至人」，他擁有至高的「道」的智慧，這是一回事；他還要拿這套「道」的智慧來統治人民，得到最大的效果，這是另外一回事。

「聖人」如何治國呢？讓人民肚內飽飽、心裡空空；身體強健、意志薄弱。讓人民不多想、隨時滿足於現狀，就算少數擁有知識的人，在這種環境裡不敢、也無法有所作為，任何作為都不會有作用，那就甚麼問題都沒有，都能處理了。

最後一句的另一種解釋是：真正有智慧的人，因為知道任何作為都會帶來刺激攪擾，所以不敢有所作為，只要「無為」維持自然狀態，那就沒有甚麼不能治理的了。

第四章　大道無私

天地聖人皆不仁

《老子》書又稱《道德經》，傳統上將書中內容分為「道經」和「德經」兩部分。從第一章到第三十七章稱為「道經」，取名自第一章開頭的句子「道可道……」；第三十八章到八十一章則是「德經」，依第三十八章開頭的句子「上德不德……」而命名。

一九七三年在長沙馬王堆出土了漢代遺留下來的《帛書老子》，裡面的次序是「德經」在前，「道經」在後，《道德經》變成了《德道經》。如此一來，引發了更多對於老子篇章次第的討論。

誠實說，我對於這些討論理解有限。我眼中看到的《老子》，仍然沒有清楚的結構順序安排，也不像是需要我們嚴謹依照某種特定順序來讀的。部分相連篇章彼此有關，毫無疑問，但另外一些明顯相關的篇章卻也可能被排在距離很遠的地方，而且改動篇章順序，也不太影響、妨礙我們對於《老子》基本意念的掌握。因為他要說的道理，沒有甚麼太隱諱、太困難，需要按照一定程序逐步進入解碼的。

第三章表白「聖人之治」的現實面之後，第四章又跳回對於「道」的抽象形容，性質上比較接近是對於第一章內容的補充說明。「**道沖而用之或不盈，淵兮似萬物之宗……**」「沖」是中空的意思。道是虛空的如容器般，但用起來卻和一般容器大不相同，不管在裡面裝多少東西，都不會裝不下滿出來。像深淵般無從探測其深度，因為它可以容納萬物，讓人覺得好像萬物都是從「道」那裏發源出來的。

萬物的來處會有怎樣的特性？「**挫其銳，解其紛，和其光，同其塵……**」將萬物突出的輪廓外型磨平，將萬物複雜的結構拆開，將萬物不同的顏色光彩混合在一起，將萬物的汙穢缺點予以統一，經由如此的想像過程，我們就能由萬物倒退推理地去了解「道」。

「**湛兮似若存，吾不知誰之子，象帝之先。**」推回到那個如同深水平靜不動的狀態（「湛兮」呼應前面的「淵兮」，都是來自深水的比喻），平靜安靜到無法辨別究竟是有還是無的狀態，那就接近「道」了。「道」在一切之前，所以沒有任何東西先於「道」，把「道」生出來。「道」沒有來歷（「吾不知誰之子」），相對地，我們知道的、我們所能想像的一切，包括「天帝」，人類最早的祖先，都來自「道」，都在「道」之後。

換句話說，「道」很接近西方哲學裡討論的「第一因」，有果必有因，將現實世界視為「果」，一步一步回推其「因」，紙張來自於樹，樹來自於種子，種子來自於前面的樹，前面的樹靠陽光、土壤、水才能長出種子……一直往後推，終點在於那「第一因」。既然是「第一因」，意味著沒辦法再往後推，那麼這「第一因」就只能是「無因之果」，創造出所有的因果反應，但自己本身卻不在因果中，找不到它的因果來源。

第五章接著說「道」的作用：「**天地不仁，以萬物為芻狗；聖人不仁，以百姓為芻狗……**」「道」是自然，其運作沒有偏好，對所有的東西「一視同仁」。成語「一視同仁」就留了道家對「仁」字的用法，莊子、老子說到「仁」、「愛」，指的都是偏愛偏好，只不過通常「仁」是上對下的偏好，「愛」則通常指平等的偏好。「一視同仁」就是「不仁」，沒有偏愛偏好，陽光泛照大地，同樣的，災難來時，萬物通通都被當作自然的犧牲，沒有例外。

「聖人」依循「道」，模仿自然對待萬物的方式，不偏愛不偏好地對待他所統治的人民。

「**天地之間，其由橐籥乎？虛而不屈，動而愈出……**」「橐籥」是個專有名詞，指的是鼓風爐的風箱，這種風箱及其名稱不會早過戰國中期，因而用「橐籥」來比喻自然，是《老子》文本晚出的另一個重要證據。天地之間，就像個風箱吧，裡面是空的，所以其本身不會消耗，更不會窮盡，只要一動，風就從中間源源吹出，永遠不會用完，反而愈動愈多。箱裡為什麼能產生那麼多風？正因為它是空的，如果裡面為「有」，「有」就一定會衰耗，一定有窮盡之時。

「**多言數窮，不如守中。**」這章的最後一句，《帛書老子》上不同的寫法是「**多聞數窮，不如守中。**」意思是在這方面，「聖人」也應該效法自然，不要往自己身體裡塞東西，多知道多有意見，反而容易窮盡，不如維持和天地之間一樣的空虛，守住中空的狀態。如果依照今本文字的話，那就是：不要多說話，有形的話不像風箱裡的風，可以源源一直吹出，會說完說盡的，最好還是保守留著別輕易說出。

上善若水——無私無爭反而得利

第六章：「**谷神不死，是謂玄牝。玄牝之門，是謂天地根。綿綿若存，用之不勤。**」這裡用的是一個奇特的比喻，關鍵在「玄牝之門」，也就是雌性動物的陰部。古人觀察到了，哺乳動物都是從母親的陰部誕生，而這個陰部又同時是雌雄性交的接觸所在，雄性性器是突出的，雌性性器相對卻是空的，主體就是一個空間。

由此，《老子》想像、比喻天地之生，應該也是從天地之母的陰部中產生的，「玄牝」就是假設、想像的天地之母，「玄牝之門」就是天地之母的陰部。那是「有」的來源，卻同時又是最為原初、絕對的「無」、

「空」，和大地上生產眾多植物的山谷一樣，其基本精神都是一塊包納的空間，而不是自身有甚麼。

能生出天地來，正就因為「若存」，只是一塊空間，是存在，又不是存在，所以叫「若存」，好像存在。但這種「若存」，比真實的「有」，真實的存在，更長久（「綿綿」），也更有用（「勤」或「堇」），也是窮盡的意思），用了不會窮盡。這種「空」、「無」、包納的基本作用（「谷神」），永遠不會死滅。

第七章：「**天長地久，天地所以能長且久者，以其不自生，故能長生……**」天地、大自然另外一項特色，在其長久，不會毀滅、消失。天地之所以永遠存在，正因為它不是單獨存在的。天地是所有萬物的集合，因而不管萬物如何消長變化，作為萬物集合的天地，始終在那裡，不會消失滅亡。

「是以聖人後其身而身先，外其身而身存。非以其無私邪，故能成其私。」「聖人」效法天地自然，盡量壓縮自我，將自我改造成別人的集合體。愈是把自己放在後面，反而愈有利於自己；愈是不看重不偏私自己，反而愈能保存自己。「聖人」的私心和一般人的私心剛好相反，他不自私，不先考慮自己，把自己放在考慮的最後面、最外面，這樣反而對自己最有利。

不自私反而才是真自私、最自私；不替自己打算，反而才是最上算的。這又是一個「似非而是」的弔詭悖論。

第八章換以「水」做比喻，來講同樣的道理：「**上善若水。水善利萬物而不爭，處眾人之所惡，故幾於道……**」自然界最接近「道」，最能對我們彰顯「道」的，是水。極致的「善」就像水一樣，對萬物都有幫助，萬物都需要水，水卻不需要任何東西，不跟任何東西爭奪資源，就像前章所說的那般「無私」。人最討厭的是處於低處、下位，都想要往上爬，但水卻總是往低處流，而且就留在下位低處。

接下來，今本《老子》的字句是「**居善地，心善淵，與善人，言善信，政善治，事善能，動善時。夫唯不爭，故無尤。**」《帛書老子》裡沒有「與善人，言善信」，而是「與善信」。用《帛書老子》的字句就很容易解釋：水代表「上善」，所以觀察水，就能得到一連串「善」的法則。所處之地，要像水一樣往低下去；心要像聚集的深水一樣安靜沉穩；和人相處，要找說話算話的；處理政事，要看重安定秩序；處理一般事務，要看重才能；行動呢，則要注意時機。這些，都和水「不爭」的特性相符合，在人、政、事、動上都不要「爭」，不要刻意勉強，那就可以遠離錯誤怨尤。

第九章：「**持而盈之，不若其已；揣而銳之，不可長保……**」保存、累積到滿出來，不如不要保存不要累積；將物品持打出銳利的鋒芒，這樣的東西一定不能長久保有。與其增加，不如減少；與其銳，不如鈍。「盈」與「銳」，都會帶來「爭」，「爭」破壞了原有的秩序，結果你連原本有的那點基礎，很可能都在「爭」之中喪失了。相對地，「不爭」，人反而才能平靜、長久地保有身上有價值的東西。

因此，「**金玉滿堂，莫之能守；富貴而驕，自遺其咎。功成身退，天之道。**」寶貴的東西堆了一整間，就必須隨時擔心人家來偷來搶，那麼多會被覬覦的對象，要如何能看守完全呢？

有財富、有地位，又對自己的財富、地位感到驕傲、多所炫耀的人，是給自己找麻煩，讓別人眼紅忌妒來對你不利。真正對的道理，自然的道理，是「金玉滿堂」、「富貴而驕」的相反，有了任何成就後，都要讓成就和自身脫開關係，拉出距離來，才不會受累受害。

像水一樣，我對別人好，幫助別人，完成了之後，我不擁有任何好處，如此「不爭」，就沒有人會忌妒我恨我，也就沒有人要來爭我的、奪我的了。

不有、不恃、不宰

下一章，第十章換了一種表達方式，以問答呈現。自設問答，本來是戰國時代常見的辯論文風，但《老子》書中卻很少見，偶一見之，他的用法也不是真正的論辯式問答，而是 rhetorical question，形式上問，但不需要答案，答案已經在問題裡了。

這一章連續列了六個問題，或說用問題的形式，強調了六項原則。

第一個問題：「**載營魄抱一，能無離乎？……**」

人乘載著魂和魄，合而為一，能夠不分開嗎？當時的人相信：人有「魂」（也就是「營」），魂是氣是陽，另外有「魄」，魄是形是陰，兩者合起來才構成人。如果陰陽無法相合，魂魄分離了，人就不是人，就活不下去了。所以老子用這種方式強調，人要活著，就必須「抱一」，追求「合」、拒絕「離」。

第二個問題：「**專氣致柔，能嬰兒乎？⋯⋯**」

順著上一句下來，人的魂和魄摶合成形（「專」就是「摶」）之初，是最柔弱的。我們能找到人的精氣摶合，最為柔弱，如同嬰兒一般的時刻嗎？意思是，陰陽「抱一」產生的，不是剛強，而是柔弱，所以我們應該不斷地想辦法讓自己回歸那樣的原始、純潔狀態。

第三個問題：「**滌除玄覽，能無疵乎？⋯⋯**」

我們有辦法將那面終極映照自然有無的鏡子，擦得沒有一點汙斑瑕疵嗎？第一章中我們已經看到了，「玄」字指的是「有＋無」，或說自然本身；「覽」就是鏡子。所以這句話，順著上一句說下來，要人回歸原始、純潔，去除掉後來不「柔」的部分，還原對於自然忠實的映照理解，也就是回到連「有」、「無」分別都尚未形成的狀態。這句話也同時提醒人，如實映照自然多麼不容易，人從生出來之後，嬰兒所具備的「專氣致柔」就會開始喪失，對應自然就開始有了「疵」，所以要小心予以「滌除」。

第四個問題：「**愛民治國，能無知乎？……**」

能夠用排除智慧的方式來愛民治國嗎？意思當然是：只有排除了智慧，將自己化為沒有瑕疵的「玄覽」，不偏倚不扭曲地反映自然規律，才是愛民治國最好的方式。任何「知」都不可能比得上自然規律，都只會破壞自然規律。

第五個問題：「**天門開闔，能無雌乎？……**」

天地自然的開闔生滅，必須依賴「雌」才能進行。這裡呼應了前面第六章所說的「玄牝之門，是謂天地根」，天地自然都是從一個超越的母親生出來，而且是從其虛空的陰部生出來的。所以終極規則的運作，必須要有「無」。理解「有」的規則，不能從觀察整理「有」來達成，必須觀察「無」、重視「無」。雌雄之間，還有主動和被動的分別，所以《老子》也主張應該守雌性被動的立場，別老想要主動往前衝，光開不闔，不是自然的道理，必須有開有闔，不斷開開闔闔，天地自然才會如同「橐籥」鼓風那樣源源創造，永遠不至於窮竭。

第六個問題：「**明白四達，能無為乎？……**」

處事治世要看透一切，影響無所不至，那就必須要「無為」。只有「無為」才能「無不為」，任何「有為」都會帶來「偏」，扭曲人的視野，偏重看這邊而忽略了那邊，那就不是真「明白」；「偏」使人有方向，傾向這邊而離開那邊，也就不可能「四達」了。只有「無為」能讓人維持留在中間，甚麼都看到、哪裡都到得了。

說完了六項原則之後，再總結標示這六項原則代表了「玄德」的不同面向：「**生之，畜之，生而不有，為而不恃，長而不宰，是謂玄德。**」統納包含「有」和「無」的「道」，其基本性質（「玄德」）是生養萬物，生了卻不佔有，做為了卻不依恃，長養了卻不控制，不會將任何事物當作自己的，把持不放。

不是全捨全無，而是有無相合，有取有捨

第十一章仍然在解釋「無」、「空」的作用，只不過換了不同的比喻。

「**三十輻共一轂，當其無，有車之用。埏埴以為器，當其無，有器之用；鑿戶牖以為室，當其無，有室之用……**」

連續列了三個例子。第一個例子是輪子，我們用三十根等長的木頭共同撐出車輪中間的「轂」，有「轂」這個甚麼都沒有的空間，才形成了輪子，才能發揮車輪的作用。第二個例子是容器，我們揉土做容器，必須讓它中空，有那個空間，才能發揮容器的作用。第三個例子是房子，我們開門窗築屋，一定要做出屋內的空間，才能發揮住屋的作用。

「**故有之以為利，無之以為用。**」就這樣「有」、「無」互相配合，「輻」、「埴」、「戶牖」這些存在、有形的物體使得輪子、容器、房屋變得有價值，但還是要靠那圍繞出來的「無」的空間，輪子、容器、房屋才能有用。

第十二章：「**五色令人目盲，五音令人耳聾，五味令人口**

爽……」花花綠綠的眾多顏色，看了讓人反而失去了分別形體的能力；各種複雜的音樂聽多了反而讓人失去辨別聲音的能力；多樣豐美的滋味吃多了反而讓人口感無法正常運作。「爽」，就是「失」的意思。

「**馳騁田獵令人心發狂，難得之貨令人行妨……**」策馬來回奔走打獵，這種經驗讓人的心靈狂野動盪；看到寶貴稀有的東西，則會讓人行為扭曲不當。

「**是以聖人為腹不為目，故去彼取此。**」所以「聖人」在治國時，重視人民體內的肚腹是否吃飽，不強調五官的享受，選這個而拋棄那個，道理就在此。

第十三章，開頭是大綱：「**寵辱若驚，貴大患若身……**」這章主要在解釋這兩句話。「**何謂寵辱若驚？寵為下，得之若驚，失之若驚，是謂寵辱若驚……**」甚麼叫「寵辱若驚」？一般我們認為「寵」、「辱」

是相反的，也會對「寵」、「辱」有相反的反應，得「寵」則喜，受「辱」則驚。但老子卻主張，「寵」和「辱」其實是一樣的，都是外在的影響破壞了我們的平常、正常，都刺激了我們感官。所以對於「寵」和「辱」，我們應該有同樣的反應。

「寵」不是好事，得到了別高興，相反地，應該和受「辱」一樣感到驚訝、警惕。會得寵，就會失寵，得寵時要小心警惕，失寵時也該小心警惕，才是對的態度。這是「寵辱若驚」的意思。

老子看重的，是「常」，是可以長久不變的平靜平衡狀態，從這個角度看去，「寵」和「辱」都引人離開「常」，在本質上並無差異，所以得寵或受辱都應該警惕防備，努力讓自己不受影響，維持「常」的平靜與平衡。

「何謂貴大患若身？吾所以有大患者，為吾有身，及吾無身，

吾有何患？……」那又甚麼是「貴大患若身」？這是提醒我們看待己身的態度，要用一種小心憂慮的態度來看待自我，尤其是自身受到的利害。

人生最大的問題，在於我們有自我，有私慾，身體感官受到各種刺激，所以無法維持精神上的恆常、平衡。我們應該採取這種態度來看待自我、己身。非但不能抱持自我中心、膨脹自我，還應該盡可能取消自我，放掉對己身的關切、顧慮。一旦你能去除了自我、己身，就沒有「患」，就不必擔憂得失，得到一種免於憂患和恐懼的自由。

「**故貴以身為天下，若可寄天下；愛以身為天下，若可託天下。**」相較於莊子，老子是個現實主義者，他不覺得人可能如同莊子想像那樣擺脫身體、形體，凌空御風，不吃不喝，活在某個神祕的空間裡。老子承認：人無法真正「無身」，所以我們能做、該做的，是「以身為天下」。

意思是讓自己的慾望好惡（「貴」與「愛」）去除任何個人特殊之處，和天下人都一樣，如此「己身」就成了「天下身」，不再是個人自我慾望好惡的實現之處，而是天下普遍慾望好惡的代表、寄託之處。

第五章

苦難亂世裡生成的哲學

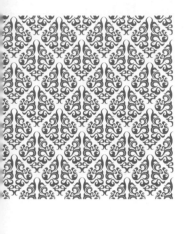

古士徐行而安

第十四章：「**視之不見名曰夷，聽之不聞名曰希，搏之不得名曰微，此三者不可致詰，故混而為一……**」老子另一個行文修辭上的習慣，是用「名曰」或「名之曰」、「是謂」來推動他的論點，凸顯一種定義式的權威。這一段話中，「夷」、「希」、「微」其實都只有修辭上鋪排的作用，我們可以完全不理會這三個名詞，跳過這三個名詞去掌握老子的文義。

他的意思仍然是在形容「道」，有這麼一樣東西，看不見、聽不到、摸不著，不管我們怎麼努力看、努力聽、努力摸都不可能找得到它，它在我們的感官感受之外，在我們的感官感受之前，我甚至無法分辨該看還是該聽該摸，只能混同地看待「道」。

「**其上不皦，其下不昧。繩繩不可名，復歸於無物，是謂無狀之狀……**」「道」不像一般的物體，沒有上下左右差別，也就沒有受光背光產生的明亮、黯淡差別，換句話說，其體陰陽不分合而為一。若有若無連綿不斷，終究到底又回歸到「無」，只能用「沒有形狀的形狀」來描述。

「**無物之象，是謂恍惚。迎之不見其首，隨之不見其後……**」有現象，沿著現象探究下去，卻找不到現象後面的物體，這就叫做「恍惚」，脫離了正常預期的狀態。朝著它來的方向，找不到它的頭；順著它去的方向，也找不到它的尾。

「**執古之道，以御今之有，能知古始，是謂道紀。**」要掌握「道」的大體、綱紀，我們就要去尋找那不受時間影響、改變，從最幽遠開始之處就存在，卻一直還在管轄當下目前萬物運作的那套原則。有形有體，就必然隨時間時代改異，只有看不見、聽不到、摸不著的「無狀之狀」、「無物之象」，介於「有」、「無」之間的，才能外於時間、不會變化毀滅。

下一章，第十五章，就講到了「執古之道，以御今之有」的方法。「**古之善為士者，微妙玄通，深不可識。夫唯不可識，故強為之容……**」古代善於擔任「士」的角色的人，也就是今天在上位者應該仿效的典範，他們通達理解貫串「有」、「無」的道理，深邃隱藏讓人無法辨識。因為難以辨識，不浮示在表面上，所以只能勉強用這種方式趨近形容。

周代封建制度下的「士」，是貴族，有許多禮儀配備，明顯和一般平民分別開來，所以老子特別設想了「古代善為士者」的相反特性，他們表面上看起來和大家都一樣，他們的差異，在內不在外，在幽微的性質，不在服飾、行動，不像當時的「士」那麼容易辨認。

這種人「**豫焉若冬涉川，猶兮若畏四鄰，儼兮其若客，渙兮若冰之將釋……**」謹慎有準備，像冬天要涉水過大河般；小心不輕舉妄動，像四周都有威脅般；莊肅嚴整，像在人家家裡當貴賓般；解除別人的戒備不安，像春天來了冰要融化了般。

「**敦兮其若樸，曠兮其若谷，混兮其若濁……**」他的敦厚像是一塊沒有磨過雕過的原木，他的廣闊包容像山谷，他的混同多元像一條濁流。

「**孰能濁以清？靜之徐清。孰能安以久？動之徐生。保此道者不欲盈，夫唯不盈，故能蔽不新成。**」這段的重點在於「靜」與「徐」。濁水如何能清？在老子那個時代，沒有任何辦法可以讓濁水快速變清，唯一的選擇是將濁水靜置，放久了，水中物體沉澱下來，水才會慢慢地變清。同樣的道理，就算要「動」，也必須以「靜」的方式「動」，慢慢地動，動了卻好像沒有動一樣，這種「動」才能「安以久」。

回頭看，前面形容「古之善為士者」的幾個字——「豫」、「猶」、「儼」、「渙」，都要嘛是靜的，要嘛是慢的，不會一下子動作，也不要有立即的效果。

老子的哲學反對突然，反對快速，突然與快速就既不「安」，也無法「久」。而要遵從「靜」與「徐」的原則，那就一定小心不要「過分」，不要「過頭」，凡事控制在界線、範圍以內（「不欲盈」），這樣事物會一直維持了舊有的模樣與規律（「蔽」，舊的意思），不會產生新的，沒有新，才是「安以久」。

放過老百姓吧

前面十五章，大概就已經出現了《老子》全書所有的概念與主張，也已經充分展示了《老子》的風格與習慣。後面篇章，大部分都是運用不同的修辭強調「道」的不可捉摸，不可定著；以及從不同角度申說「靜」、「徐」、「安」、「退」、「不盈」、「無為」的行事原則。

比較特別，必須選來好好讀一下的，是第三十一章，直接且強烈地表達了老子對戰爭的看法。

「**夫佳兵者，不祥之器，物或惡之，故有道者不處……**」好的兵器，都是不祥的東西。這裡「佳」和「不祥」明確對比，使得一件兵器「佳」的理由，也正就是使得它「不祥」的因素。「不祥」正來自於兵器的「佳」，兵器有多「佳」，它就有多「不祥」。兵器是破壞性的、毀滅性的，其「不祥」就在威脅、傷害其對象，所以「有道者」不會要和兵器在一起。

「**君子居則貴左，用兵則貴右。兵者不祥之器，非君子之器，不得已而用之，恬淡為上……**」證據就在君子平日起居以左為貴，但要動用兵器打仗時，卻倒過來以右為貴，很明顯，君子和兵器處於相反的位置，兵器不是「君子之器」，而是「不祥之器」。

周朝禮儀中，和活人有關的，左邊的位子比較高、比較重要；相對的，和死人有關，喪祭之類，則倒過來，右邊的位子比較高、比較重要。這是周人安排分別生死領域的原則，老子提醒我們：顯然戰爭是被歸類在「死」的那一類，不是「生」。

日本的禮俗中，保留了這種嚴格的左右分野。到日本溫泉旅館裡換穿浴衣，不管你慣用右手或左手，一定要穿成左上右衽，如果反了，右上左衽，那件衣服就不再是浴衣，變成穿在死人身上的壽衣了。左和右、生和死，緊密對應。

兵器、戰爭，不是生活的一部分，不是活人領域的正常行為，只有萬不得已的情況才動用，所以應該盡量少用、盡量減省（「恬淡」）。能不打仗就不打仗，能少用幾件兵器就別用那麼多，數量、規模、頻率，都是愈減愈好。

「**勝而不美，而美之者，是樂殺人。夫樂殺人者，則不可以得志於天下矣……**」動用兵器就算打勝戰了，都不是好事。讚揚戰爭，視戰勝為好事的人，本質上等同於以殺人為樂。喜歡殺人的人，不可能得到天下民心，也就不可能遂行其意志。

這點上，老子和孟子的態度一致。《孟子．梁惠王》中孟子就明白地對梁襄王說：「**不嗜殺人者能一之。**」在大家打仗打成一團，各國殺紅眼的時候，反而只有不喜歡殺人，不以殺人為樂，不以戰勝為「美」的人，才能統一天下。更進一步說，老子和孟子反映了戰國中後期同樣的普遍心情。各國彼此征戰打得太多太慘了，人民受不了，必然厭戰、渴望和平。

「**吉事尚左，凶事尚右。偏將軍居左，上將軍居右，言以喪禮處之……**」這是對左右禮儀進一步解釋：禮中，喜事左高於右，凶事右高於左。而在軍事儀式上，地位較低的偏將軍在左，地位較高的上將軍卻在右，表示是以喪禮的態度來對待戰爭的。

「**殺人之眾，以哀悲泣之。戰勝，以喪禮處之。**」戰爭一定要殺人，打勝仗一定要殺很多很多人，依照道理，殺了那麼多人，當然該用哀傷悲涼的心情面對，該哭泣而不該興奮大樂。這就是為什麼戰爭就算打贏了，禮儀上仍然用喪禮的方式來安排。

這一章很重要，因為明白凸顯了《老子》思想及主張的背景。其核心概念「無為」，是因應戰國紛爭而產生的。反覆規範國君要「無為」，強調要「無為」才能「無不為」，正就是因為那個時代的國君都汲汲營營要「有為」，抱持野心擴張對人民的控制，動員人民去打仗，不停歇地追求更大的國土、更多的財富。

人民累了，社會想休息了。《老子》將這種心情轉化為人生哲學與處世道理，逆轉過來伸張自然「無為」，巧妙地弔詭宣說：回復自然狀態，用減法而不要用加法，反而才能得到更多權力，更安全保有權力，更有效運用權力。

將《老子》所言視為一套超越時空、放諸四海皆準的真理，令人不安。因為裡面有太多太明顯反智、反文化的主張。讓一般人都吃得飽飽的，甚麼都不想，當然是「反智」的態度。要求「損之又損」，棄絕文采、財貨，當然是「反文化」的態度。

但若是將《老子》放回戰國中後期的亂世背景裡，我們看到的、理解的，會很不一樣。其實那是拿來對應非常、極端人間狀況的一套智慧。那個時代，權勢者慾望高漲無所節制，而一般百姓小民無力對抗被驅使去滿足權勢者的這些慾望。《老子》巧妙地找到了一種方式試圖對這種潮流踩煞車。

他用了一種比國君更權威的口氣，同時卻又採取了一種站在教國君運用權力的態度。他沒有要反對國君，只是他比真正的國君更了解如何當國君，以這個立場來批判他們運用權力的現實方式。

老子還用了一種令人眩惑，「正言若反」的弔詭論證風格，來表達要求國君不再「進」、不再增長野心，倒過來應該「退」、應該儉省的主張，因為如果不是這種口氣、這種權威風格，面對慾望高漲的戰國國君，這些話是不可能有人願意聽的。

在歷史脈絡中理解老子

回到一開頭，對於《老子》成書年代的討論。為什麼要先說明「莊在老前」，《莊子》成書早於《老子》的考據看法？因為如何斷《老子》的時代，對於我們了解《老子》太重要了！

除了第三十一章之外，《老子》書中少有與戰爭的連結，加上過去將年代斷在和孔子大約同時的春秋時期，人們就自然地假定老子和孔子一樣，是在討論、規範普遍的處世法則及治國道理。忽略了老子面對、因應戰國亂世，用「無為」來對治那個局勢的用心，輕易地將老子的觀念運用在正常、太平社會上，那就變成了一套不折不扣「反智」、「反文化」的政治哲學了。

純粹從統治上看，君王們最容易接受的，不幸的是往往也真的最有效的《老子》信條，是維持人民「無知無欲」，在統治上最有利、最方便。

後來的歷史發展很清楚：帝國形成的過程中，《老子》被和講究全面權術的《韓非子》扣在一起，漢武帝時，司馬遷寫的仍然是〈老子韓非列傳〉。漢代思想中，「老子」和「黃帝」擺在一起成為「黃老」，強調「無為清靜」，那是帝王家的統治指導原則，與一般人無關。要到漢末大亂，社會解紐，魏晉以降，《老子》才改而和《莊子》結合，成為「老莊」。

「莊在老前」，時代弄對了，我們就明白，老子的時代比莊子更嚴峻，征戰殺伐延續得更久了，國與國的你死我活局面更僵了，老子是在這樣的時代，提出了非常狀態下的非常說法。他的時代，不只周朝禮制早已徹底崩壞，而且似乎除了以武力兼併分出輸贏之外，沒有其他可信可行的規則。

老子沒有要為未來設計一套可長可久的文明方案，而是要對應眼前，說服君王停止積極爭奪，轉而用減法、「無為」來行使權力，如此至少能夠降低變亂，給人一點通往平靜的亮光。

《老子》學說有其現實性。從這種現實性上理解《老子》，一方面我們對書中內容及這位作者，會有更深的同情；另一方面我們也就能避免將老子說的一些道理無限上綱，當作是處理人事、處理權力的最高指導原則。

沒辦法，這是我的價值偏見，我總認為真要用《老子》的學說來組織社會、運作權力，那必然是文明的災難。恢復其歷史背景，還原第三十一章的現實考量，明白了他對治當時現實問題的智慧，我們可以有更好的自我檢擇判斷，拿老子的時代和我們自己的時代參照對應，有所信有所不信，有所遵循有所揚棄。

《老子》並沒有立即說服戰國君王，這套學說確實發揮作用，要再等上百年，等到秦國將武力征伐原則發揮到極致，統一六國，然後又有秦末再亂，一直到漢初，社會、人民迫切需要休息，漢代皇帝相信了「黃老」，部分實現了「無為政治」，終於結束幾百年的殘酷動盪，也才奠定了漢朝的統治基礎。

附錄

《老子》全文

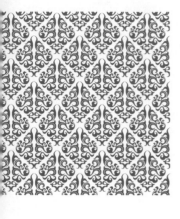

一

道可道，非常道；名可名，非常名。無，名天地之始；有，名萬物之母。故常無，欲以觀其妙；常有，欲以觀其徼。此兩者，同出而異名，同謂之玄。玄之又玄，眾妙之門。

二

天下皆知美之為美，斯惡已。皆知善之為善，斯不善已。故有無相生，難易相成，長短相形，高下相盈，音聲相和，前後相隨。恆也。是以聖人處無為之事，行不言之教；萬物作焉而不辭，生而不有，為而不恃，功成而不居。夫唯弗居，是以不去。

三

不尚賢，使民不爭；不貴難得之貨，使民不為盜；不見可欲，使民心不亂。是以聖人之治，虛其心，實其腹，弱其志，強其骨。常使民無知無欲。使夫智者不敢為也。為無為，則無不治。

四

道沖，而用之或不盈。淵兮，似萬物之宗。挫其銳，解其紛，和其光，同其塵。湛兮，似或存。吾不知誰之子，象帝之先。

五

天地不仁，以萬物為芻狗；聖人不仁，以百姓為芻狗。天地之間，其猶橐籥乎？虛而不屈，動而愈出。多言數窮，不如守中。

六

谷神不死，是謂玄牝。玄牝之門，是謂天地根。綿綿若存，用之不勤。

七

天長地久。天地所以能長且久者，以其不自生，故能長生。是以聖人後其身而身先，外其身而身存。非以其無私邪？故能成其私。

八

上善若水，水善利萬物而不爭。處眾人之所惡，故幾於道。居善地，心善淵，與善人，言善信，政善治，事善能，動善時。夫唯不爭，故無尤。

九

持而盈之，不若其已。揣而銳之，不可長保。金玉滿堂，莫之能守。富貴而驕，自遺其咎。功成身退，天之道。

十

載營魄抱一，能無離乎？專氣致柔，能嬰兒乎？滌除玄覽，能無疵乎？愛民治國，能無知乎？天門開闔，能無雌乎？明白四達，能無為乎？生之、畜之，生而不有，為而不恃，長而不宰。是謂玄德。

十一

三十輻共一轂，當其無，有車之用。埏埴以為器，當其無，有器之用。鑿戶牖以為室，當其無，有室之用。故有之以為利，無之以為用。

十二

五色令人目盲；五音令人耳聾；五味令人口爽；馳騁畋獵，令人心發狂；難得之貨，令人行妨。是以聖人為腹不為目，故去彼取此。

十三

寵辱若驚，貴大患若身。何謂寵辱若驚？寵為下，得之若驚，失之若驚，是謂寵辱若驚。何謂貴大患若身？吾所以有大患者，為吾有身，及吾無身，吾有何患？故貴以身為天下，若可寄天下；愛以身為天下，若可託天下。

十四

視之不見，名曰夷；聽之不聞，名曰希；搏之不得，名曰微。此三者，不可致詰，故混而為一。其上不皦，其下不昧，繩繩兮不可名，復歸於無物。是謂無狀之狀，無物之象，是謂恍惚。迎之不見其首，隨之不見其後。執古之道，以御今之有。能知古始，是謂道紀。

十五

古之善為士者，微妙玄通，深不可識。夫唯不可識，故強為之容：豫焉，若冬涉川；猶兮，若畏四鄰；儼兮，其若容；渙兮，其若冰之將釋；敦兮，其若樸；曠兮，其若谷；混兮，其若濁。孰能濁以清？靜之徐清。孰能安以久？動之徐生。保此道者，不欲盈。夫唯不盈，故能蔽不新成。

十六

致虛，極；守靜，篤。萬物並作，吾以觀復。夫物芸芸，各復歸其根。歸根曰靜，靜曰覆命。覆命曰常，知常曰明。不知常，妄作凶。知常容，容乃公，公乃王，王乃天，天乃道，道乃久，歿身不殆。

十七

太上，不知有之；其次，親而譽之；其次，畏之；其次，侮之。信不足焉，有不信焉。悠兮，其貴言。功成事遂，百姓皆謂：「我自然」。

十八

大道廢，有仁義；智慧出，有大偽；六親不和，有孝慈；國家昏亂，有忠臣。

十九

絕聖棄智，民利百倍；絕仁棄義，民復孝慈；絕巧棄利，盜賊無有。

此三者以為文，不足。故令有所屬：見素抱樸，少思寡慾，絕學無憂。

二十

唯之與阿，相去幾何？美之與惡，相去若何？人之所畏，不可不畏。荒兮，其未央哉！眾人熙熙，如享太牢，如春登台。我獨泊兮，其未兆；沌沌兮，如嬰兒之未孩；儽儽兮，若無所歸。眾人皆有餘，而我獨若遺。我愚人之心也哉，沌沌兮！俗人昭昭，我獨昏昏。俗人察察，我獨悶悶。淡兮，其若海，望兮，若無止。眾人皆有以，而我獨頑似鄙。我獨異於人，而貴食母。

二十一

孔德之容，惟道是從。道之為物，惟恍惟惚。惚兮恍兮，其中有象；恍兮惚兮，其中有物；窈兮冥兮，其中有精；其精甚真，其中有信。自今及古，其名不去，以閱眾甫。吾何以知眾甫之狀哉？以此。

二十二

「曲則全，枉則直，窪則盈，敝則新，少則得，多則惑。」是以聖人抱一為天下式。不自見，故明；不自是，故彰；不自伐，故有功；不自矜，故長。夫唯不爭，故天下莫能與之爭。古之所謂「曲則全」者，豈虛言哉！誠全而歸之。

二十三

希言自然。故飄風不終朝，驟雨不終日。孰為此者？天地。天地尚不能久，而況於人乎？故從事於道者，同於道；德者，同於德；失者，同於失。同於道者，道亦樂得之；同於德者，德亦樂得之；同於失者，失亦樂得之。信不足焉，有信焉。

二十四

企者不立；跨者不行；自見者不明；自是者不彰；自伐者無功；自矜者不長。其在道也，曰餘食贅形，物或惡之，故有道者不居。

二十五

有物混成，先天地生。寂兮寥兮，獨立而不改，周行而不殆，可以為天地母。吾不知其名，字之曰道，強為之，名曰大。大曰逝，逝曰遠，遠曰反。故道大，天大，地大，人亦大。域中有四大，而人居其一焉。人法地，地法天，天法道，道法自然。

二十六

重為輕根，靜為躁君。是以君子終日行不離輜重。雖有榮觀，燕處超然，奈何萬乘之主，而以身輕天下？輕則失根，躁則失君。

二十七

善行，無轍跡；善言，無瑕謫；善數，不用籌策；善閉，無關楗而不可開；善結，無繩約而不可解。是以聖人常善救人，故無棄人；常善救物，故無棄物。是謂神明。故善人者，不善人之師；不善人者，善人之資。不貴其師，不愛其資，雖智大迷。是謂要妙。

二十八

知其雄，守其雌，為天下谿。為天下谿，常德不離，復歸於嬰兒。知其白，守其辱，為天下谷。為天下谷，常德乃足，復歸於樸。樸散則為器，聖人用之，則為之長，故大制不割。

二十九

將欲取天下而為之，吾見其不得已。天下神器，不可為也，不可執也。為者敗之，執者失之。是以聖人無為，故無敗；無執，故無失。夫物或行或隨；或噓或吹；或強或羸；或載或隳。是以聖人去甚，去奢，去泰。

三十

以道佐人主者，不以兵強天下。其事好還。師之所處，荊棘生焉。大軍之後，必有凶年。善者果而已，不敢以取強。果而勿矜，果而勿伐，果而勿驕。果而不得已，果而勿強。物壯則老，是謂不道，不道早已。

三十一

夫佳兵者，不祥之器，物或惡之，故有道者不處。君子居則貴左，用兵則貴右。兵者不祥之器，非君子之器，不得已而用之，恬淡為上。勝而不美，而美之者，是樂殺人。夫樂殺人者，則不可得志於天下矣。吉事尚左，凶事尚右。偏將軍居左，上將軍居右，言以喪禮處之。殺人之眾，以哀悲泣之，戰勝以喪禮處之。

三十二

道常無名，樸。雖小，天下莫能臣。侯王若能守之，萬物將自賓。天地相合，以降甘露，民莫之令而自均。始制有名，名亦既有，夫亦將知止，知止可以不殆。譬道之在天下，猶川穀之於江海。

三十三

知人者智，自知者明。勝人者有力，自勝者強。知足者富。強行者有志。不失其所者久。死而不亡者壽。

三十四

大道泛兮，其可左右。萬物恃之以生而不辭，功成而不有。衣養萬物而不為主，可名於小；萬物歸焉而不為主，可名為大。以其終不自為大，故能成其大。

三十五

執大象，天下往。往而不害，安平泰。樂與餌，過客止。道之出口，淡乎其無味，視之不足見，聽之不足聞，用之不足既。

三十六

將欲歙之，必故張之；將欲弱之，必故強之；將欲廢之，必故興之；將欲取之，必故與之。是謂微明。柔弱勝剛強。魚不可脫於淵，國之利器不可以示人。

三十七

道常無為而無不為。侯王若能守之，萬物將自化。化而欲作，吾將鎮之以無名之樸。鎮之以無名之樸，夫將不欲。不欲以靜，天下將自正。

三十八

上德不德，是以有德；下德不失德，是以無德。上德無為而無以為；下德無為而有以為。上仁為之而無以為；上義為之而有以為。上禮為之而莫之應，則攘臂而扔之。故失道而後德，失德而後仁，失仁而後義，失義而後禮。夫禮者，忠信之薄，而亂之首。前識者，道之華，而愚之始。是以大丈夫處其厚，不居其薄；處其實，不居其華。故去彼取此。

三十九

昔之得一者：天得一以清；地得一以寧；神得一以靈；谷得一以生；侯得一以為天下正。其致之也，謂天無以清，將恐裂；地無以寧，將恐廢；神無以靈，將恐歇；谷無以盈，將恐竭；萬物無以生，將恐滅；侯王無以正，將恐蹶。故貴以賤為本，高以下為基。是以侯王自稱孤、寡、不穀。此非以賤為本邪？非乎？故致譽無譽。是故不欲如玉，珞珞如石。

四十

反者道之動；弱者道之用。天下萬物生於有，有生於無。

四十一

上士聞道，勤而行之；中士聞道，若存若亡；下士聞道，大笑之。

不笑不足以為道。故建言有之：明道若昧；進道若退；夷道若纇；上德若谷；廣德若不足；建德若偷；質真若渝；大白若辱；大方無隅；大器晚成；大音希聲；大象無形；道隱無名。夫唯道，善貸且成。

四十二

道生一，一生二，二生三，三生萬物。萬物負陰而抱陽，沖氣以為和。人之所惡，唯孤、寡、不穀，而王公以為稱。故物或損之而益，或益之而損。人之所教，我亦教之。強梁者不得其死，吾將以為教父。

四十三

天下之至柔，馳騁天下之至堅。無有入無間，吾是以知無為之有益。不言之教，無為之益，天下希及之。

四十四

名與身孰親？身與貨孰多？得與亡孰病？甚愛必大費；多藏必厚亡。故知足不辱，知止不殆，可以長久。

四十五

大成若缺，其用不弊。大盈若沖，其用不窮。大直若屈，大巧若拙，大辯若訥。靜勝躁，寒勝熱。清靜為天下正。

四十六

天下有道，卻走馬以糞。天下無道，戎馬生於郊。禍莫大於不知足；咎莫大於欲得。故知足之足，常足矣。

四十七

不出戶，知天下；不窺牖，見天道。其出彌遠，其知彌少。是以聖人不行而知，不見而明，不為而成。

四十八

為學日益，為道日損。損之又損，以至於無為。無為而無不為。取天下常以無事，及其有事，不足以取天下。

四十九

聖人常無心，以百姓心為心。善者，吾善之；不善者，吾亦善之；德善。信者，吾信之；不信者，吾亦信之；德信。聖人在天下，歙歙焉，為天下渾其心，百姓皆注其耳目，聖人皆孩之。

五十

出生入死。生之徒，十有三；死之徒，十有三；人之生，動之於死地，亦十有三。夫何故？以其生之厚。蓋聞善攝生者，路行不遇兕虎，入軍不被甲兵；兕無所投其角，虎無所用其爪，兵無所容其刃。夫何故？以其無死地。

五十一

道生之，德畜之，物形之，勢成之。是以萬物莫不尊道而貴德。道之尊，德之貴，夫莫之命而常自然。故道生之，德畜之；長之育之；成之熟之；養之覆之。生而不有，為而不恃，長而不宰。是謂玄德。

五十二

天下有始，以為天下母。既得其母，以知其子，復守其母，沒身不殆。塞其兌，閉其門，終身不勤。開其兌，濟其事，終身不救。見小曰明，守柔曰強。用其光，復歸其明，無遺身殃；是為襲常。

五十三

使我介然有知，行於大道，唯施是畏。大道甚夷，而人好徑。朝甚除，田甚蕪，倉甚虛；服文采，帶利劍，厭飲食，財貨有餘；是為盜誇。非道也哉！

五十四

善建者不拔，善抱者不脫，子孫以祭祀不輟。修之於身，其德乃真；

修之於家，其德乃餘；修之於鄉，其德乃長；修之於邦，其德乃豐；修之於天下，其德乃普。故以身觀身，以家觀家，以鄉觀鄉，以邦觀邦，以天下觀天下。吾何以知天下然哉？以此。

五十五

含「德」之厚，比於赤子。毒蟲不螫，猛獸不據，攫鳥不搏。骨弱筋柔而握固。未知牝牡之合而朘，精之至也。終日號而不嗄，和之至也。知和曰「常」，知常曰「明」。益生曰祥。心使氣曰強。物壯則老，謂之不道，不道早已。

五十六

知者不言，言者不知。挫其銳，解其紛，和其光，同其塵，是謂「玄同」。故不可得而親，不可得而疏；不可得而利，不可得而害；不可得而貴，不可得而賤。故為天下貴。

五十七

以正治國，以奇用兵，以無事取天下。吾何以知其然哉？以此：天下多忌諱，而民彌貧；人多利器，國家滋昏；人多伎巧，奇物滋起；法令滋彰，盜賊多有。故聖人云：「我無為，而民自化；我好靜，而民自正；我無事，而民自富；我無慾，而民自樸。」

五十八

其政悶悶，其民淳淳；其政察察，其民缺缺。是以聖人方而不割，廉而不劌，直而不肆，光而不耀。禍兮福之所倚，福兮禍之所伏。孰知其極？其無正也。正復為奇，善復為妖。人之迷，其日固久。

五十九

治人事天，莫若嗇。夫為嗇，是謂早服；早服謂之重積德；重積德則無不克；無不克則莫知其極；莫知其極，可以有國；有國之母，可以長久；是謂深根固柢，長生久視之道。

六十

治大國，若烹小鮮。以道蒞天下，其鬼不神，非其鬼不神；其神不傷人，非其神不傷人。聖人亦不傷人。夫兩不相傷，故德交歸焉。

六十一

大邦者下流，天下之牝，天下之交也。牝常以靜勝牡，以靜為下。故大邦以下小邦，則取小邦；小邦以下大邦，則取大邦。故或下以取，或下而取。大邦不過欲兼畜人，小邦不過欲入事人。夫兩者各得所欲，大者宜為下。

六十二

道者萬物之奧。善人之寶，不善人之所保。美言可以市尊，美行可以加人。人之不善，何棄之有？故立天子，置三公，雖有拱璧以先駟馬，不如坐進此道。古之所以貴此道者何？不曰：求以得，有罪以免邪？故為天下貴。

六十三

為無為，事無事，味無味。圖難於其易，為大於其細；天下難事，必作於易，天下大事，必作於細。是以聖人終不為大，故能成其大。夫輕諾必寡信，多易必多難。是以聖人猶難之，故終無難矣。

六十四

其安易持，其未兆易謀。其脆易泮，其微易散。為之於未有，治之於未亂。合抱之木，生於毫末；九層之台，起於累土；千里之行，始於足下。民之從事，常於幾成而敗之。慎終如始，則無敗事。

六十五

古之善為道者，非以明民，將以愚之。民之難治，以其智多。故以智治國，國之賊；不以智治國，國之福。知此兩者亦稽式。常知稽式，是謂「玄德」。「玄德」深矣，遠矣，與物反矣，然後乃至大順。

六十六

江海之所以能為百谷王者，以其善下之，故能為百谷王。是以聖人慾上民，必以言下之；欲先民，必以身後之。是以聖人處上而民不重，處前而民不害。是以天下樂推而不厭。以其不爭，故天下莫能與之爭。

六十七

天下皆謂我道大，似不肖。夫唯大，故似不肖。若肖，久矣其細也夫！我有三寶，持而保之。一曰慈，二曰儉，三曰不敢為天下先。慈故能勇；儉故能廣；不敢為天下先，故能成器長。今捨慈且勇；捨儉且廣；捨後且先；死矣！夫慈以戰則勝，以守則固。天將救之，以慈衛之。

六十八

善為士者，不武；善戰者，不怒；善勝敵者，不與；善用人者，為之下。是謂不爭之德，是謂用人之力，是謂配天古之極。

六十九

用兵有言：「吾不敢為主，而為客；不敢進寸，而退尺。」是謂行無行；攘無臂；扔無敵；執無兵。禍莫大於輕敵，輕敵幾喪吾寶。故抗兵相若，哀者勝矣。

七十

吾言甚易知，甚易行。天下莫能知，莫能行。言有宗，事有君。夫唯無知，是以不我知。知我者希，則我者貴。是以聖人被褐而懷玉。

七十一

知不知，尚矣；不知知，病也。聖人不病，以其病病。夫唯病病，是以不病。

七十二

民不畏威，則大威至。無狎其所居，無厭其所生。夫唯不厭，是以不厭。是以聖人自知不自見；自愛不自貴。故去彼取此。

七十三

勇於敢則殺，勇於不敢則活。此兩者，或利或害。天之所惡，孰知其故？天之道，不爭而善勝，不言而善應，不召而自來，繟然而善謀。天網恢恢，疏而不失。

七十四

民不畏死，奈何以死懼之？若使民常畏死，而為奇者，吾得執而殺之，孰敢？常有司殺者殺。夫代司殺者殺，是謂代大匠斲。夫代大匠斲者，希有不傷其手矣。

七十五

民之饑，以其上食稅之多，是以饑。民之難治，以其上之有為，是以難治。民之輕死，以其上求生之厚，是以輕死。夫唯無以生為者，是賢於貴生。

七十六

人之生也柔弱，其死也堅強。草木之生也柔脆，其死也枯槁。故堅強者死之徒，柔弱者生之徒。是以兵強則滅，木強則折。強大處下，柔弱處上。

七十七

天之道，其猶張弓歟？高者抑之，下者舉之；有餘者損之，不足者補之。天之道，損有餘而補不足。人之道，則不然，損不足以奉有餘。孰能有餘以奉天下，唯有道者。是以聖人為而不恃，功成而不處，其不欲見賢。

七十八

天下莫柔弱於水，而攻堅強者莫之能勝，以其無以易之。弱之勝強，柔之勝剛，天下莫不知，莫能行。是以聖人云：「受國之垢，是謂社稷主；受國不祥，是為天下王。」正言若反。

七十九

和大怨，必有餘怨；報怨以德，安可以為善？是以聖人執左契，而不責於人。有德司契，無德司徹。天道無親，常與善人。

八十

小國寡民。使有什伯之器而不用；使民重死而不遠徙。雖有舟輿，無所乘之，雖有甲兵，無所陳之。使民復結繩而用之。甘其食，美其服，安其居，樂其俗。鄰國相望，雞犬之聲相聞，民至老死，不相往來。

八十一

信言不美，美言不信。善者不辯，辯者不善。知者不博，博者不知。聖人不積，既以為人，己愈有，既以與人，己愈多。天之道，利而不害；聖人之道，為而不爭。

中國傳統經典選讀8

亂世裡的南方智慧　老子

2014年6月初版　　定價：新臺幣200元
2020年3月初版第三刷

著者　楊照
叢書編輯　陳逸達
整體設計　江宜蔚

出版者	聯經出版事業股份有限公司	副總編輯	陳逸華
地址	新北市汐止區大同路一段369號1樓	總經理	陳芝宇
編輯部地址	新北市汐止區大同路一段369號1樓	社長	羅國俊
叢書主編電話	(02)86925588轉5322	發行人	林載爵
台北聯經書房	台北市新生南路三段94號		
電話	(02)23620308		
台中分公司	台中市北區崇德路一段198號		
暨門市電話	(04)22312023		
郵政劃撥帳戶第	0100559-3號		
郵撥電話	(02)23620308		
印刷者	文聯彩色製版印刷有限公司		
總經銷	聯合發行股份有限公司		
發行所	新北市新店區寶橋路235巷6弄6號2F		
電話	(02)29178022		

行政院新聞局出版事業登記證局版臺業字第0130號

本書如有缺頁，破損，倒裝請寄回台北聯經書房更換。　ISBN 978-957-08-4408-5 (平裝)
聯經網址 http://www.linkingbooks.com.tw
電子信箱 e-mail:linking@udngroup.com

國家圖書館出版品預行編目資料

亂世裡的南方智慧　老子／楊照著．
初版．新北市．聯經，2014年6月．144面
13.5×21公分．(中國傳統經典選讀；8)
ISBN 978-957-08-4408-5（平裝）
[2020年3月初版第三刷]

1.老子　2.研究考訂

121.317　　103010152